Gisela Heim

Zaubereien mit Seide

Anwendungsbeispiele für die Folientechnik

frechverlag

Weitere Bücher zur Folientechnik von Gisela Heim:

TOPP 2088

TOPP 2120

TOPP 1967

TOPP 2160

TOPP 2203

Welche der in diesem Buch vorgestellten Techniken hat Ihnen am besten gefallen?
Karten aus Seide, Materialmix mit Seide, Kleidung oder Kalendergestaltung mit Seide?
Schreiben Sie uns, oder rufen Sie an, Ihre Meinung ist uns wichtig!
Richten Sie Ihre Post an: frechverlag, Produkt-Management, Postfach 311253, 70472 Stuttgart
Telefon: Kreativ-Service, siehe Umschlaginnenseite.

Fotos: frechverlag GmbH + Co. Druck KG, 70499 Stuttgart; Fotostudio Ullrich & Co., Renningen

Auflage: 5. 4. 3. 2. 1. | Letzte Zahlen
Jahr: 2001 2000 1999 98 97 | maßgebend

frechverlag GmbH + Co. Druck KG, 70499 Stuttgart
Druck: frechverlag GmbH + Co. Druck KG, 70499 Stuttgart

ISBN 3-7724-2263-2 · Best.-Nr. 2263

Nehmen Sie ein Stück Seide, kleben Sie ein Stück Klarsichtklebefolie auf die Rückseite – und Sie haben ungeahnte Möglichkeiten!
Hier einen Vorgeschmack auf das, was Sie mit der Seiden-Folienverbindung alles gestalten können:

Neugierig geworden?

Dann sollten Sie die Folientechnik ausprobieren:

- Sie brauchen keinen Seidenmalrahmen mehr, und der kleinste Seidenrest kann verwertet werden.
- Sie müssen nicht mehr auf der Seide vorzeichnen, weil die Vorlage beim Malen direkt darunter liegt und gut zu sehen ist. Beim Arbeiten können Sie die Hand auflegen.
- Die Seide kann in jeder beliebigen Größe und Form zugeschnitten werden, ohne daß sie ausfranst.
- Falls 'mal etwas schiefgeht: der finanzielle Verlust ist gering!

Eine dringende Bitte zum Schluß: Lesen Sie das ganze Buch! Es gibt auf vielen Textseiten Tips und wichtige Hinweise, die in der allgemeinen Anleitung keinen Platz mehr gefunden haben.

Viel Freude, Spaß und Erfolg beim Anwenden der Folientechnik!

Ihre

Gisela Hein

Zubehör für das Seidenbild

Klarsichtklebefolie: Silkfolie (Fachhandel) oder eine kräftige Folie (Baumarkt, Kaufhaus). Seide: möglichst glatt und kräftig (Crêpe de Chine, Crêpe Satin). Konturenmittel: Grundsätzlich können Sie alle handelsüblichen Mittel verwenden. Seidenmalfarben: dampf- oder bügelfixierbar.

Hilfsmittel: Strich-ex-Stift (Fachhandel), schwarzer Stift, Lineal, Pinsel, Mischpalette, Wasserbecher, Küchenkrepp, Klebefilm, Schere, Klebstoff, die vom Vorlagenbogen kopierte Vorlage.

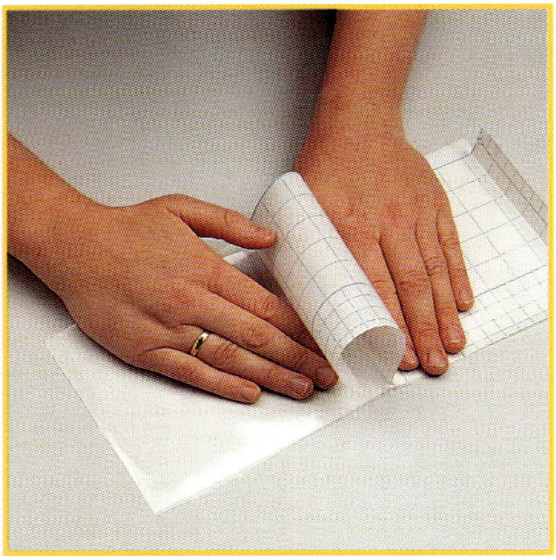

Das Aufkleben der Silkfolie

Sie brauchen für Ihr Seidenbild nur ein Seiden- und Folienstück in Motivgröße mit rundum 1 cm Randzugabe. Bevorzugen Sie beim Aufkleben rechteckige Stücke. Waschen Sie die Seide, und bügeln Sie sie anschließend trocken (Einstellung Baumwolle). Lösen Sie 2 cm vom Schutzpapier ab, und knicken Sie dieses scharfkantig um. Kleben Sie den Folienstreifen sorgfältig und faltenfrei auf die schmale Seidenkante der linken Stoffseite. Nun fassen Sie das abgeknickte Schutzpapier und ziehen es ganz dicht über der Seide möglichst gleichmäßig und breitflächig vollständig ab. Folie und Seide müssen faltenfrei miteinander verbunden werden.

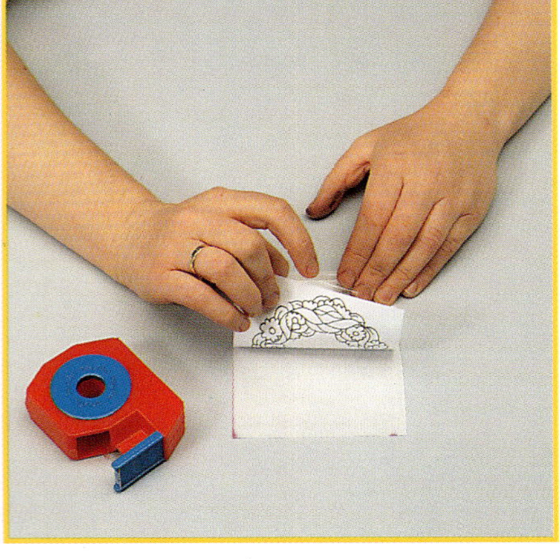

Das Aufkleben der Vorlage

Die gewünschten Motive werden vom Vorlagenbogen kopiert oder mit dickem, dunklem Filzstift auf Transparent- oder Pauspapier durchgemalt. Schneiden Sie ein der Größe Ihrer Vorlage entsprechendes Stück der Seiden-Folienverbindung zu (vgl. S. 8). Die Vorlage wird so befestigt, daß die Bildseite auf der Folie liegt. Dazu genügen wenige Klebestreifen im Randbereich. Wenden Sie Ihr Werkstück, und legen Sie bei durchgemalten Zeichnungen ein weißes Papier darunter.

Das Arbeiten der Konturen

Die meisten der abgebildeten Motive sind mit benzinlöslicher, schwarzer Gutta (Federstärke 0,3 oder 0,5) gearbeitet, da dünne, aber trotzdem dichte Linien unerläßlich sind.
Drehen Sie Ihr Seidenbildchen immer in die günstigste Arbeitsposition. Sie können im Vergleich zur traditionellen Technik beim Arbeiten die Hand auflegen. Ziehen Sie die Linien, schieben Sie niemals „gegen den Strich"! Arbeiten Sie sorgfältig und gleichmäßig, und achten Sie dabei auf geschlossene Konturen. Nach dem Trocknen des Trennmittels wird die Vorlage entfernt und von der Rückseite im Gegenlicht geprüft, ob tatsächlich alle Konturen dicht sind.

Das Malen mit den Seidenmalfarben

Falls nicht anders angegeben, sind die Modelle mit dampffixierbaren Farben gemalt. Das aufwendige Fixieren kann bei Bildern und Karten entfallen.
Arbeiten Sie mit Mischtellern, wenn Sie aus wenigen Seidenmalfarben möglichst viele Farbtöne erzielen wollen. Beginnen Sie beim Malen immer mit den hellen Farbtönen. Falls Konturen undicht sind, können sie nach dem Abtrocknen der Farbe neben der vorhandenen Linie nachgearbeitet werden. Überläufer werden später angelöst und mit dunklerer Farbe übermalt.

Ausgeschnittene Motive

Ziehen Sie die Klarsichtklebefolie nicht ab, denn durch sie wird der folgende Arbeitsschritt erst möglich. Die Seiden-Folienverbindung läßt sich so leicht wie Papier schneiden. Verwenden Sie möglichst eine kleine, spitze Schere. Überläufer und zu dick geratene Konturen im Randbereich werden einfach abgeschnitten, wenn Ihr gewähltes Motiv als Rahmen, hier für den Geldschein, gedacht ist. Der Blütenrahmen paßt genau auf eine DIN A5-Passepartoutkarte.

Farbspielereien

Alle Karten auf der Abbildung rechts werden ohne Trennmittel gearbeitet.

Passend zu den bunten Passepartouts (Fachhandel) wird ein Stück der Seiden-Folienverbindung in Regenbogenfarben eingefärbt (Abb. unten). Für eine schöne Musterung wird zuletzt Salz (Brezelsalz oder Spezialsalz aus dem Fachhandel) aufgestreut.
Schneiden Sie, nachdem die Farben trocken sind, Streifen, Dreiecke o.ä. ab. Spielen Sie mit den geometrischen Seidenstücken auf der Passepartoutkarte.
Befestigen Sie Elemente im nicht sichtbaren Teil mit Klebefilmstreifen. Zum Aufkleben ausgeschnittener Stücke der Seiden-Folienverbindung benützen Sie möglichst Montagekleber. Falls dann versehentlich Klebstoff unter dem geklebten Teil hervorquillt, läßt sich dieser nach dem Trocknen einfach abrubbeln.

Die eingefärbte Seiden-Folienverbindung ist transparent, das heißt, daß bei den Seidenteilen die darunter befindliche Farbe der Passepartoutkarte durchschimmert. Das kann reizvoll sein. Falls Sie aber den Originalfarbton erhalten möchten, kleben Sie Ihr Seiden-Folienstück einfach auf ein weißes Papier (siehe Abb. links) und zeichnen dann mit Lineal und dünnem Bleistift Ihre gewünschten Schnittlinien vor. Auch das Ausschneiden mit einem Schneidemesser auf geeigneter Unterlage ist möglich.

Tip:
Haben Sie bereits schön eingefärbte Seidenreste? Wenn Sie diese mit Folie versehen (vgl. Seite 4), können Sie den kleinsten Rest in der beschriebenen Art für Passepartoutkarten verwerten.

Farbverläufe ...

gelingen am einfachsten mit dampffixierbaren Farben. Beginnen Sie mit dem hellsten Farbton, und tragen Sie den neuen Farbton entlang des entstehenden Farbrandes auf. Bearbeiten Sie die Farbkante abwechselnd mit den beiden Farbtönen (ohne Wasser!) und Küchenkrepp zum Abtupfen, bis ein nahtloser Übergang erzielt ist.

Tip:
Wechseln Sie die beim Malen benutzten Küchenkrepptücher häufig aus, sonst wird versehentlich schon auf dem Tuch getrocknete Farbe angelöst und verursacht Flecken.

Bestimmen des Bildausschnittes

Die klaren Formen und Farbflächen dieser Stilrichtung sind für Anfänger/innen besonders gut geeignet. Reizvoll ist die Kombination der Seidenbilder im Ausschnitt mit den auf der Karte angebrachten, passenden Motivteilen.
Kopieren Sie zunächst das zu Ihrer Passepartoutkarte passende gewünschte Motiv mit allen Randlinien und den zugehörigen Randmotiven vom Vorlagenbogen.

Tip:
Es ist sinnvoll, gleich ein größeres Stück Seide für mehrere Seidenbildchen aufzuziehen. Rollen Sie die Folie für kurze Zeit entgegen der ursprünglichen Richtung auf (mit Klebefilm vorübergehend fixieren), das erleichtert das Aufkleben wesentlich.

Das mit Folie versehene Seidenstück entspricht in aller Regel nicht der gewünschten Bildgröße.

Falls Sie eine Passepartoutkarte arbeiten wollen, umfahren Sie mit einem Strich-ex-Stift das aus dem Passepartoutausschnitt stammende Kärtchen (vgl. Abb. links). Legen Sie es dazu so auf die Seide, daß rundum 2 cm Abstand zum nächsten geplanten Bildausschnitt bleibt.
Zeichnen Sie bei Bedarf auch Ihre Schnittlinie (1 cm Abstand) ein.

Falls Sie ein größeres Seidenstück hinterklebt haben, gehen Sie beim Aufteilen systematisch vor, um möglichst wenig Verschnitt zu haben.

Schneiden Sie das Seiden-Folienstück entsprechend zu, und gehen Sie weiter wie beschrieben vor (Seite 4 und 5).
Arbeiten Sie die zugehörigen Randmotive auf einem Reststück der Seiden-Folienverbindung.

Betrachten Sie bei der orangefarbenen Karte die Blüte am rechten Ausschnittrand: sie ragt teilweise über den Rahmen.
Legen Sie nach der Fertigstellung Ihres Seidenbildes den Bildausschnitt so fest, daß die Teile, die später „aus dem Rahmen fallen" sollen, zunächst verdeckt sind. Markieren Sie am Passepartoutrand die Stellen, bis zu denen Sie die Seiden-Folienverbindung einschneiden müssen. In diesem Fall schneiden Sie also zwei verdeckte Blütenblätter aus. Nach dem Einkleben des Seidenbildes ziehen Sie das ausgeschnittene Teil über den Rahmenrand. Gehen Sie bei den Blüten der blauen Karte genauso vor.

Geldscheine, stilvoll verpackt!

Haben Sie alle Geldscheine auf den ersten Blick erkannt?
Sie brauchen für den „Hunderter" ein Passepartout in DIN A5-Größe mit ovalem Ausschnitt.
Arbeiten Sie wie beschrieben den Notenrahmen (Seite 4 und 5), und legen Sie schon beim Malen mit den Seidenmalfarben den Geldschein daneben: Zartes Hellblau, Hellgrau und Beige harmonieren am besten mit Clara Schumanns Portrait.
Die äußere Kante des Seidenbildes verschwindet unter der Passepartoutkarte, für das Portrait schneiden Sie den inneren Kreis entlang der gewellten Linie aus.
Alle Geldscheine werden mit Klebefilmstreifen in die Passepartoutkarten eingeklebt.

Wie der Fünfzigmarkschein zu seinem Blütenkranz kommt, lesen Sie auf den Seiten 4 und 5.
Da der Passepartoutrand vollständig verdeckt wird, können Sie die Karte auch selbst aus Tonkarton schneiden.

Der Zwanzigmarkschein ist dezent versteckt: Die senkrechte Schreibfeder ist die Rückseite des Geldscheines.
Färben Sie die Rückseite Ihrer vom Vorlagenbogen kopierten Federkontur mit weichem Bleistift ein, und legen Sie die Zeichnung auf eine schwarze Hochkant-Doppelkarte (Position vgl. Abbildung). Fahren Sie mit einem Stift die Zeichnung nach. Schneiden Sie mit dem Schneidemesser die Feder entlang der nun sichtbaren Graphitlinie aus.
Schneiden Sie einen Schlitz für den Federkiel in Ihr fertiggestelltes Seidenbild.
Erst nach dem Aufkleben des Seidenbildes wird dieses der Kartengröße entsprechend links und rechts abgeschnitten.

Seidenbilder im Rahmen befestigen

Schneiden Sie das Seidenbild an der äußersten Trennmittellinie aus. Kleben Sie auf die Folienseite einen überstehenden Klebestreifen, und legen Sie das Seidenbild so vor sich, daß die Seidenseite oben ist. Drücken Sie den Rahmen auf dem überstehenden Klebefilmstreifen fest, achten Sie dabei auf den schönsten Ausschnitt. Wenden Sie Bild und Rahmen, und befestigen Sie alles mit weiteren Klebefilmstreifen.

Tip:
Benzinlösliche Gutta darf nicht über längere Zeit im Plastikfläschchen stehenbleiben. Füllen Sie in ein Glas mit Schraubverschluß ein wenig Feuerzeugbenzin, und bewahren Sie die mit Gutta gefüllte Plastikflasche darin auf.
Arbeiten Sie möglichst immer mit einer ganz vollen Guttaflasche.

Seidenrahmen für Urkunden

Das Konzert war gelungen, dem Dirigenten sollte öffentlich gedankt werden. Ursprünglich zierte der hier als Spiegelrahmen abgebildete „Instrumenten-Seidenrahmen" nämlich eine Urkunde aus edlem Pergamentpapier.

Stellen Sie den Instrumentenrahmen wie auf Seite 4 und 5 beschrieben her. Er ist recht groß und sollte deshalb nach dem Ausschneiden mit Montage- oder Sprühkleber auf dem gewünschten Untergrund befestigt werden.
Um den edlen Charakter des Seidenrahmens zu unterstreichen, werden die Trennmittellinien, die zum alles verbindenden Schmuckband gehören, mit goldfarbener Gutta gearbeitet.

Tip:
Gold- oder silberfarbene Trennmittel enthalten Metallpartikel und durchdringen deshalb die Seide oft nicht ausreichend. Folgender Trick verhindert Überläufer: Ziehen Sie die Linien zunächst mit transparentem Trennmittel, und überarbeiten Sie Ihr Seidenbild erst nach dem Farbauftrag mit dem metallicfarbenen Trennmittel.

Tip:
Arbeiten Sie alle Seidenrahmen, die mit Wasser in Berührung kommen könnten, mit bügelfixierbaren Farben. Diese werden mit dem Fön oder durch Sonnenlicht ausreichend fixiert.

Ein herzliches Dankeschön

Wollten Sie nicht schon immer einmal Ihrem Trainer, Ihrer Übungsleiterin ganz herzlich danken? Fast jeder Computer hat Text- und Schriftprogramme, mit denen Urkunden recht einfach selbst herzustellen und so ganz persönlich abzufassen sind.

Der „Sportpictogramm-Seidenrahmen" paßt genau auf eine DIN A4-Seite.
Textseite und Seidenrahmen werden auf eine DIN A4-Doppelkarte geklebt, so daß die ganze Abteilung die Urkunde unterschreiben kann.

Tip:
Rahmen Sie Ihre wertvollsten Urkunden, und schmücken Sie Ihre Bürowand damit.
Spielen Sie mit der Rahmenidee:
Erfinden Sie Urkunden-Motive für jeden Anlaß: Schreibtischutensilien bieten sich z. B. als Rahmenmotive für Beförderungen oder Versetzungen an.

Ein herzliches
Dankeschön
wird hiermit
ausgesprochen
Diese Urkunde ist von
außergewöhnlicher Bedeutung,
da sie nur in ganz besonderen
Fällen verliehen wird.
Und jetzt ist sie hochverdient!

Seidenrahmen für Gedichte

Haben Sie nicht auch ein Lieblingsgedicht, das Sie gerne täglich vor Augen hätten?
Der neutrale Blumenrahmen ist sehr vielseitig verwendbar. Die Phantasieblumen lassen sich in jeder gewünschten Farbkombination malen. Texte können in fast jeder Größe auf jede gewünschte Papierart und -farbe in Copyshops kopiert werden.

Noch schöner wäre es natürlich, wenn Sie Ihr Gedicht handschriftlich, vielleicht sogar kalligraphisch auf edles Papier bringen würden!

Paßt der Blumenrahmen in der Größe nicht? Vergrößern oder verkleinern Sie mit Hilfe eines Zoomkopieres die Vorlage auf das benötigte Format.

Sicher kennen auch Sie einen Weinliebhaber, der sich über das Goethegedicht mit Traubenranke und Weinglas freuen würde.

➢ ***Tip:***
Vergrößern von Vorlagen ist unproblematisch – je größer die einzelnen Motive sind, desto einfacher lassen sich die Trennmittellinien arbeiten.
Beim Verkleinern von Rahmen müssen Sie ein wenig aufpassen: Können Sie die Konturen wirklich noch mit dem Trennmittel arbeiten, oder liegen die Bildlinien zu nah beieinander?

Die beiden Gedichtrahmen werden gearbeitet wie auf Seite 4 und 5 beschrieben. Befestigen Sie den großen Blütenrahmen mit Montage- oder Sprühkleber.

Dampffixierbare oder bügelfixierbare Seidenmalfarben?

Meist wird vor allem Seidenmalanfängern zunächst zu bügelfixierbaren Farben geraten. Der Grund ist meist der Fixiervorgang, denn Dampffixieren ist wesentlich komplizierter als Bügelfixieren.

Dampffixierbare Farben sind aber bedeutend leichter zu verarbeiten:
Zu dunkel geratene Farbflächen lassen sich einfach auf der Seide wieder anlösen, die überschüssige Farbe wird mit Küchenkrepp abgetupft. Schattierungen und Farbverläufe können mit dampffixierbaren Farben problemlos gearbeitet werden. Angetrocknete Farbe auf dem Mischteller kann mit Farbe, Verdünnerflüssigkeit oder auch Wasser wieder angelöst und weiterverwendet werden.

Nicht so bei bügelfixierbaren Farben:
Einmal aufgetragene Farbe läßt sich auf der Seide schlecht verdünnen, geschweige denn wieder entfernen. Gemischte Farbtöne müssen auf der Mischpalette entstehen. Getrocknete Farbe ist nicht wieder verwendbar. Klären Sie beim Arbeiten mit bügelfixierbaren Farben möglichst vor Arbeitsbeginn, welche Flächen denselben Farbton erhalten sollen, und malen Sie diese Flächen dann in einem Arbeitsgang an.

Es empfiehlt sich also, für alle Seidenteile, die nicht waschbar sein müssen (Bilder, Fensterbilder, Karten, etc.), dampffixierbare Farben zu verwenden und auf den Fixiervorgang einfach zu verzichten (vgl. Seite 20).

Trunken müssen wir alle sein!
Jugend ist Trunkenheit ohne Wein;
Trinkt sich das Alter wieder zu Jugend,
So ist es wundervolle Tugend.
Für Sorgen sorgt das liebe Leben,
Und Sorgenbrecher sind die Reben.
Johann Wolfgang von Goethe
Wer andere erkennt,
iſt gelehrt.
Wer ſich ſelbſt erkennt,
iſt weiſe.
Wer andere beſiegt,
hat Muſkelkräfte,
Wer ſich ſelbſt beſiegt,
iſt ſtark.
Wer zufrieden iſt,
iſt reich.
Wer ſeine Mitte
nicht verliert,
der dauert.
LAOTSE

Seidenmalerei für Kalender

Im Fachhandel gibt es die unterschiedlichsten Bastelkalender, die sich zum Gestalten mit Seidenmalereien hervorragend eignen. Auf der Abbildung rechts sehen Sie drei Varianten.

Dichten oder fotokopieren Sie z. B. fernöstliche Weisheiten auf farblich zum Bastelkalender passendes Papier, und ergänzen Sie der Jahreszeit entsprechende kleine Seidenbildchen.

Als Beispiel sehen Sie auf der Abbildung rechts einen zarten, fast filigranen Frühlingsrahmen. Die beiden nicht zusammenhängenden Rahmenteile ermöglichen das Anpassen an mehr Text und andere Bastelkalender.

Die abgebildeten Tropfen auf dem November-Kalenderblatt werden wie auf Seite 4 und 5 beschrieben gearbeitet und vor dem Ausschneiden auf weißes Papier geklebt. Andernfalls würde der dunkle Hintergrund zu stark durch die Seiden-Folienverbindung durchschimmern.

Tropfen, Kreise, Quadrate, Streifen – Sie können den ganzen Bastelkalender mit abstrakten Formen füllen, und nicht immer ist das Arbeiten mit Trennmittel erforderlich (vgl. Karten von Seite 7).

Das sommerliche Kalenderblatt zeigt, wie „ganz normale" Seidenmalereien Platz in Bastelkalendern finden: Am besten, Sie fertigen ein dem Bild und dem Kalender entsprechendes Passepartout aus Tonkarton an.

Wie entsteht ein Tonkartonrahmen?

Auf dem Vorlagenbogen finden Sie mehrere Rahmenvorlagen für Seidenbilder. Fertigen Sie dafür zunächst eine Rahmenschablone.

Übertragen Sie, falls möglich mit Lineal und Bleistift, Ihre Rahmenvorlage auf einen Bogen Transparent- oder Pauspapier. Legen Sie dann ein Kohlepapier auf einen festen Karton und darauf Ihre Zeichnung, und befestigen Sie die Papiere mit Klebestreifen im Randbereich. Übertragen Sie mit Kugelschreiber und Lineal die Linien Ihrer Zeichnung möglichst exakt.

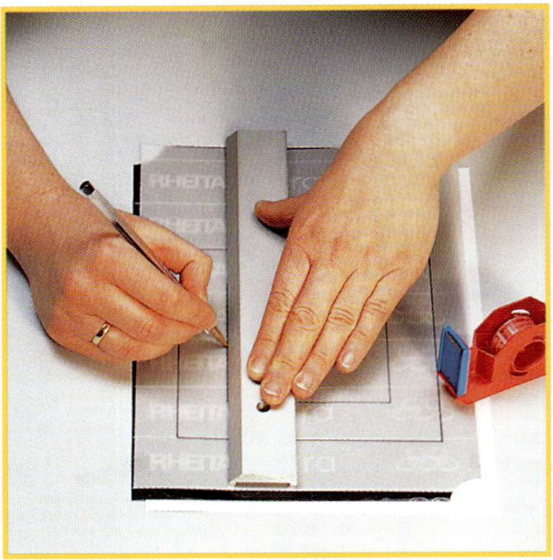

Vergewissern Sie sich an einer unbefestigten Seite, daß Sie alle Linien nachgezogen haben, und entfernen Sie dann Vorlage und Kohlepapier.

Legen Sie den Karton auf eine Schneideunterlage, und schneiden Sie mit Schneidemesser und Schneidelineal die Schablone aus.
Nichtgeometrische Formen (z. B. Seite 25, 39, 43) können Sie auch mit einer Schere ausschneiden (Fortsetzung Seite 18).

NOVEMBER
EINE FREUDE VERTREIBT HUNDERT SORGEN.
August
August
Août
1 2 3 4 5 6 7
8 9 10 11 12 13 14
15 16 17 18 19 20 21
22 23 24 25 26 27 28
29 30 31

Fortsetzung von Seite 16:

Verwenden Sie für den Rahmen möglichst Tonkarton (Bastelkarton, Fotokarton) und nicht das dünnere Tonpapier oder Tonzeichenpapier. Legen Sie Ihre gefertigte Schablone auf, und befestigen Sie sie mit wenigen Klebestreifen. Zeichnen Sie mit einem Bleistift an allen Schablonenkanten entlang.

Falls Sie, wie zum Beispiel bei Fensterbildern, zwei identische Tonkartonrahmenteile benötigen, kennzeichnen Sie alle Teile an derselben Stelle und legen die Schablone für das rückwärtige Rahmenteil seitenverkehrt auf den Tonkarton.

Gehen Sie beim Ausschneiden der Tonkartonfom wie beim Ausschneiden der Schablone vor.

Identische Tonkartonteile werden mit der gekennzeichneten Seite gegeneinandergeklebt.

Wie Sie Ihr Seidenbild am besten im Tonkartonrahmen befestigen, lesen Sie auf Seite 10 oder Seite 24.

Seidenrahmen für Landschaftsfotos

Ein barocker Goldrahmen war die Anregung für die Seidenteile, die das Foto vom Fischer umrahmen. Die Elemente aus der Seiden-Folienverbindung lassen sich beliebig variieren, kombinieren und der jeweiligen Rahmengröße problemlos anpassen. Schaffen Sie mit der Seidenmalerei ein farblich verbindendes Element zwischen Bilderrahmen und Ihrem Lieblingsfoto.

Noch vielseitiger einsetzbar sind die ganz einfachen „Bildecken" aus der Seiden-Folienverbindung. Sie zieren die schöne Fotografie vom Sonnenuntergang und auch eine Kunstpostkarte von einem Bild des Malers Gustav Klimt.

Haben Sie die Verzierung auf dem Holzrahmen gesehen? Sie können mit den Bildecken aus Seide jeden etwas breiteren Bilderrahmen zusätzlich verzieren, verschönern, aufwerten!

Tip:

Immer wieder gibt es in vielen Geschäften Bilderrahmen-Angebote! Legen Sie sich einen kleinen Vorrat an: Es ist einfacher, Seidenbilder passend zu Rahmen zu malen, als günstige Rahmen zu fertigen Seidenbildern zu finden.

Seidenrahmen für Kinderfotos

Geben Sie Ihren schönsten Kinderbildern einen Rahmen aus Seide, und Sie haben eine witzige Wanddekoration oder auch ein liebevolles Geschenk!

Der „bärenstarke" Seidenrahmen ziert ein Portraitfoto, das in eine Passepartoutkarte mit kleinem, quadratischem Ausschnitt eingeklebt ist. Solche Seidenrahmen, die „in Serie gearbeitet" recht schnell herzustellen sind, bieten sich auch als Einladungskarten oder als Danksagungen an.

Lassen Sie sich von der „bärenstarken" Idee anregen, und entwerfen Sie Ihren persönlichen Seidenrahmen für Fotos in Passepartoutkarten!

Haben Sie's auf den ersten Blick gesehen? Die „Basis" für die beiden bunt gerahmten Kinderbilder sind ganz einfache und billige rahmenlose Bildhalter (10,5 cm x 15 cm und 18 cm x 24 cm).
Arbeiten Sie die Bildrahmen aus der Seiden-Folienverbindung wie in der Anleitung beschrieben (Seite 4 und 5). Damit Sie das die Fotografie schützende Glas auch einmal feucht abwischen können, sollten Sie bügelfixierbare Farben verwenden. Schneiden Sie beim letzten Arbeitsschritt zunächst nur den Bildausschnitt aus.

Positionieren Sie das Kinderbild im Bildhalter, und schließen Sie die zum Rahmen gehörenden Klammern.

Kleben Sie den Seidenrahmen passend zum Kinderbild auf die Glasplatte. Falls Sie mit Sprüh- oder Montagekleber arbeiten, haben Sie bessere Korrekturmöglichkeiten. „Spielen" Sie ein bißchen, bis Ihr Seidenrahmen den besten Bildausschnitt der Fotografie zeigt!

Wenden Sie ganz zuletzt Ihr Werkstück, und schneiden Sie mit dem Schneidemesser den überstehenden Rand entlang der Bildhalterkante ab.

Möchten Sie Ihr Seidenbild auf jeden Fall fixieren?

Das ist zwar grundsätzlich nicht notwendig, da gerahmte Seidenbilder, Karten mit Seidenmalereien oder Seidenfensterbilder in der Regel nicht mit Wasser in Berührung kommen. Fixieren ist aber möglich.

Falls Sie mit bügelfixierbaren Farben arbeiten, können Sie Ihr Werk samt Folie vorsichtig mit dem Fön fixieren. Seidenfensterbilder und in hellen, warmen Zimmern befindliche Seidenteile werden in der Regel durch das Sonnenlicht ausreichend fixiert. Sie können Seide und Folie auch vorsichtig trennen und nach Farbherstellerangaben mit dem Bügeleisen fixieren. Es empfiehlt sich, danach ein neues Stück Klarsichtklebefolie aufzuziehen, da die weitere Verarbeitung dadurch wesentlich erleichtert wird.

Dampffixierbare Seidenbilder können zusammen mit der Folie fixiert werden. Der Fixiervorgang schadet der Verbindung nicht. Das gilt nicht nur für die Seidenbilder, sondern für alle auf Klarsichtklebefolie gearbeiteten Seidenteile wie Tücher, Kissen, Blusen etc. (dazu auch Seite 34 und 36).

Haben Sie den Tropfen im roten Bild (Abb. rechts) erkannt? In anderer Farbkombination und in anderem Zusammenhang finden Sie ihn auf der Abbildung Seite 17.

Hier hat er nun einen passenden Rahmen bekommen: auf ein Schrägschnittpassepartout (18 cm x 24 cm, Rahmenhandel) wird ein aus der Seiden-Folienverbindung gearbeiteter, zum Motiv passender Seidenrahmen geklebt.
Arbeiten Sie Tropfen und Seidenrahmen genau wie in der Anleitung beschrieben (Seite 4 und 5). Kleben Sie den Tropfen vor dem Ausschneiden auf ein weißes Papier.
Schneiden Sie einen farblich passenden Tonkartonbogen in Ihrer Bilderrahmengröße zu, und befestigen Sie das mit der Seidenmalerei verzierte Schrägschnittpassepartout zentral.
Ganz zuletzt kleben Sie den Tropfen in seinen Rahmen.

➢ Tip:
Wenn Sie Klarsichtklebefolie auf ein größeres Stück Seide kleben wollen, so überprüfen Sie nach dem Festkleben des ersten Folienstreifens, ob die Folie im weiteren Verlauf wirklich auf der Seide zu liegen kommt und nicht etwa schief läuft. Erst dann beginnen Sie mit dem Abziehen des Schutzpapieres: arbeiten Sie langsam und gleichmäßig, und unterbrechen Sie den Vorgang möglichst nicht.

Viele kleine bunte Männchen...

tummeln sich um den roten Kerl, dem die Haare zu Berge stehen!

Auch hier sind Seidenbild- und Rahmenmotive identisch, genaugenommen sind sie zusammen ein Bild, denn die weiße Fläche ist nicht aus Papier, sondern aus Seide!

Falls es Ihnen nicht gelingen sollte, den Innenbereich farbfrei zu lassen, dann gehen Sie einfach wie beim Tropfen vor (linke Spalte).

Die Rahmen sind auch anderweitig zu verwenden:
Der „Männchenrahmen" ist ohne weiteres auch für eine Sportlerurkunde (vgl. Seite 13) geeignet.
Der Tropfenrahmen könnte genausogut ein selbstverfaßtes Gedicht oder auch ein Fotoalbum verzieren.

Passen Sie die Rahmen Ihren Bedürfnissen an: Schneiden Sie z. B. von der Vorlage einfach Teile weg, falls der Rahmen quadratisch werden soll.

➢ Tip:
Hat Ihr Seidenbild eine kleine Falte? Versuchen Sie zunächst, diese jeweils vor dem Trennmittelauftrag und vor dem Malen mit dem Fingernagel möglichst glatt zu reiben. Arbeiten Sie mit dem Trennmittel um die Falte herum und nicht darüber hinweg, sonst haben Sie ganz sicher einen Überläufer.

Sonne, Mond und Sterne...

– ein beliebtes Thema, hier als Mobile fürs Kinderzimmer.

Sie benötigen nur wenige verschiedene Seidenmalfarben: einen Blauton und ein bis zwei warme Gelbtöne.
Die Konturen, die hier zum Motiv passend kräftig ausfallen dürfen, sind mit goldfarbener, benzinlöslicher Gutta gearbeitet (vgl. S. 12).
Die Seidenmalerei ist anfängerfreundlich, beim Arbeiten der Rahmenteile wäre ein bißchen Erfahrung im Umgang mit einem Schneidemesser von Vorteil.
Die Rahmen sind aus goldfarbenem Tonkarton gearbeitet. Sie benötigen, da die Mobileteile ja von beiden Seiten „ansehnlich" sein müssen, für jedes Seidenteil zwei identische Rahmenteile (S. 16 ff.).

Die Tonkartonrahmen sind sehr schmal. Versehen Sie die Rahmenseite, die auf der Seide zu liegen kommt, mit tropffreiem Klebstoff, und drücken Sie den Rahmen an vorgesehener Stelle auf dem Seidenbild fest. Wenden Sie Ihr Werkstück, und legen Sie vor dem Festkleben des rückwärtigen Rahmenteils einen Faden für die Aufhängung ein.

Wichtige Tips und Tricks

Kommen Sie mit Ihrem Konturenmittel nicht zurecht? Lassen Sie sich im Fachgeschäft beraten: es gibt unendlich viele verschiedene Produkte und auch Hilfsgeräte, die Ihnen bei der Problemlösung helfen könnten.

Waschen Sie die Seide vor dem Bearbeiten in heißem Wasser. Sie kann einlaufen! Schneiden Sie die Klarsichtklebefolie deshalb am besten erst, nachdem die Seide gewaschen und mit sauberem, fettfreiem Bügeleisen gebügelt ist, in der entsprechenden Größe zu. Falls sich Ihr Seidenbild nach dem Ausschneiden oder Malen trotzdem wellt, pressen Sie es zwischen Büchern und befestigen es dann sofort an geplanter Stelle.

Falls Sie mit anderen Materialien als den genannten arbeiten, sollten Sie immer zuerst eine gründliche Probe aller Arbeitsgänge machen. Hinweise über Farbtöne, Farbmischungen oder genauere Anleitungen zum Fixieren finden Sie in grundlegenden Werken zum Thema Seidenmalerei.

Grundsätzlich läßt sich die Seiden-Folienverbindung mit normalem Klebstoff befestigen. Nehmen Sie für große Teile aber am besten Sprühkleber oder Montagekleber, der Klebevorgang ist reversibel, und Sie können so lange „korrigieren", bis das aufgeklebte Seidenteil keine Falte mehr hat.

Haben Sie auf zu dünner Seide oder zu naß gearbeitet, und Ihr Bild hat nach dem Malen mit den Seidenmalfarben kleine, störende Fältchen? Dann trennen Sie vorsichtig die Seiden-Folienverbindung, bügeln die Seide mit hoher Temperatur und kleben sie auf ein neues Stück Folie. Das kann gelegentlich auch nach dem Dampffixieren nötig sein.

Sand und Seide...

Das ist eine faszinierende Verbindung von Seidenmalerei und farbigem Streusand. Nur durch die farblichen Zierrahmen (liegen teilweise den Passepartoutkarten bei) ist auf den ersten Blick zu erkennen, wo die Seide aufhört und wo der Sand beginnt.

Für die Seidenbilder gehen Sie wie in der Anleitung beschrieben vor (Seite 4 und 5). Bevorzugen Sie beim farblichen Ausgestalten Seidenmalfarben, die genau zu Ihren Sandfarben passen.

Und das benötigen Sie für den Sandrahmen

Eine zum gewünschten Seidenbild passende Passepartoutkarte, doppelseitige Klebefolie, als DIN A4- oder DIN A3-Bogen im Fachhandel erhältlich, Sandfarben und Sandsiebe, je nach Wunsch im Farbton passende Miniglasperlen.
Hilfsmittel: Bleistift, Lineal und Schneidemesser, dicker Pinsel, Klarsichthülle, Klebefilm.

Schneiden Sie von der doppelseitigen Klebefolie ein ungefähr der gefalteten Karte entsprechendes Stück ab.

Ziehen Sie das weiße Schutzpapier ab, und legen Sie es in die Karte ein (die glänzende Seite soll im Ausschnitt sichtbar sein). Kleben Sie die Kartenvorderseite vollständig und faltenfrei auf. Schneiden Sie entlang der gefalteten Karte alle überstehenden Teile ab.

Jetzt entfernen Sie das innenliegende Schutzpapier und schneiden mit dem Schneidemesser am Passepartoutausschnitt entlang die sichtbare Klebefläche aus.

Legen Sie Ihr Seidenbild in eine Klarsichthülle, positionieren und fixieren Sie Ihre Passepartoutkarte vorsichtig mit Klebefilmstreifen auf der Klarsichthülle über dem Seidenbild.

Verlängern und malen Sie alle aus dem Bild laufenden Linien mit Bleistift auf das gelbe Schutzpapier. Ergänzen Sie Zierlinien oder zum Seidenbild passende Motivteile.

Ritzen Sie mit dem Schneidemesser alle Bleistiftlinien.

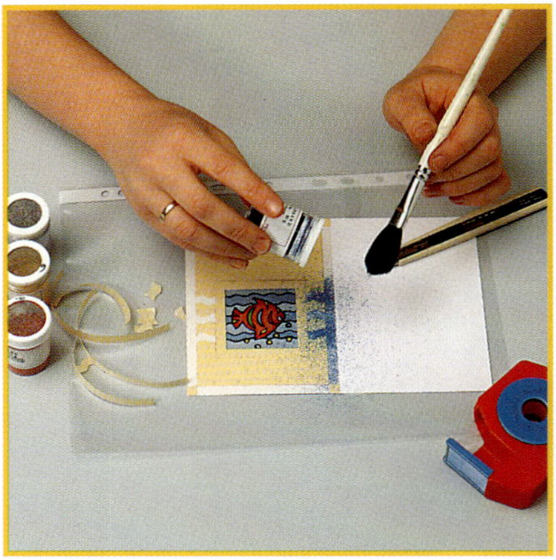

Nach und nach werden jetzt die Klebeflächen freigelegt. Flächen, die denselben Sandfarbton erhalten sollen, bearbeiten Sie gleichzeitig. Verteilen Sie den aufgetragenen Sand mit dem Pinsel auf den Klebeflächen. Kleben Sie Ihr Seidenbild abschließend in die Karte ein (vgl. Seite 10).

So liebevoll gearbeitete Karten sind eher als Wanddekoration als zum Verschicken gedacht!

Auf dem Lampenschirm wird das Seidenbild mit doppelseitigem Klebeband, das anschließend mit Sand versehen wird, befestigt.

Seide und Holz

Spandosen

Der Deckel der Bärendose ist wattiert. Arbeiten Sie das Bärenbild (Deckelgröße mit 4 cm Randzugabe) wie in der Anleitung beschrieben, am besten verwenden Sie bügelfixierbare Farben.
Ziehen Sie die Klarsichtklebefolie abschließend ab, und fixieren Sie das Bild nach Herstellerangaben.
Schneiden Sie Bastelvlies und einen dicken Karton in Deckelgröße zu.
Ihre Seidenmalerei legen Sie „mit dem Gesicht nach unten" auf die Arbeitsfläche, darauf kommen das Bastelvlies und zuoberst der Karton. Kleben Sie die Seide mit möglichst kleinen Randfalten rundum auf dem Karton fest. Befestigen Sie das Werkstück mit Kontaktkleber auf dem passend eingefärbten Dosendeckel.
Mit Hilfe von Kohlepapier werden die kleinen Bären auf den unteren Dosenrand übertragen. Gestalten Sie auch dieses Spandosenteil mit Bastelfarbe und HOLZ-PEN (Fachhandel). Schützen Sie Ihre Dose abschließend mit Klarlack.

Der durstige Frosch begegnet Ihnen noch einmal als Fensterbild auf Seite 41. Er wird für die Spandose einfach aus der Seiden-Folienverbindung ausgeschnitten (mit bügelfixierbaren Farben arbeiten!). Gestalten Sie die Dose farblich passend, und geben Sie dem Frosch eine Farbkante, auf der er sitzen kann.
Nach dem abschließenden Lackieren mit einem Klarlack kleben Sie den Frosch auf den Dosendeckel.

Bilder

Überall gibt es derzeit Bilder mit passend gestalteten Holzrahmen zu kaufen – für viel Geld!
Machen Sie sich an die Arbeit – es ist gar nicht so schwer, macht viel Spaß und kostet nicht viel.

„Die komischen Vögel" sind ein kinderleichtes, anfängerfreundliches Seidenbild: Dicke Trennmittellinien stören überhaupt nicht, sie sind sogar als zusätzliches Stilelement einzusetzen. Läuft irgendwo Farbe aus? Kein Problem, die Vögel sind so krumm und schräg, malen Sie einfach um den entstandenen Farbklecks eine zusätzliche Feder!

Auch das farbliche Ausgestalten ist kinderleicht: Kein Abschattieren, keine Farbübergänge sind notwendig, füllen Sie die Farbflächen mit Ihren Lieblingsfarben.
Gehen Sie beim Arbeiten grundsätzlich wie in der Anleitung Seite 4 und 5 beschrieben vor.

Der Holzrahmen stammt aus einem Baumarkt.
Sie können aber auch einen Rahmen, der bereits ausgedient hat, verwenden: färben Sie ihn mit einer Bastelfarbe passend zu Ihrem Bild um!

Im Fachhandel gibt es HOLZ-PEN zum deckenden Bemalen von Holz. Die „naiven" Tulpen können Sie ohne weitere Vorzeichnung direkt auf den Rahmen malen.

Eine abschließende Mattlackschicht schützt den Rahmen und sorgt für den schönen Glanz.

Seide und Holzrahmen

Eine gelungene Kombination, die gerade bei moderner Seidenmalerei recht einfach selbst herzustellen ist.

Tip:
Zögern Sie nicht, jeden günstigen Holzbilderrahmen zu kaufen, wichtig ist nur, daß der Rand breit genug ist, um gestaltet zu werden.

Falls Sie dem ganzen Rahmen eine andere Farbe geben wollen, arbeiten Sie mit einer Universalbastelfarbe und Pinsel. Nach dem Trocknen der Farbe setzen Sie das Seidenbild in den Rahmen. Erst jetzt werden die Bildlinien auf dem Rahmen verlängert, die Randzeichnungen ergänzt.
Für Malereien auf dem Rahmen sind HOLZ-PEN-Stifte ideal, sie sind in verschiedenen Stiftbreiten und Farben, auch in Gold und Silber, erhältlich.
Für die Rahmenmalereien gibt es keine Vorlagen – lassen Sie sich von Ihrem Seidenbild inspirieren! Die HOLZ-PEN-Stifte sind deckend, „Fehler" können einfach durch erneutes Übermalen korrigiert werden.

Tip:
Die farbliche Übereinstimmung ist für die Gesamtwirkung sehr wichtig. Klären Sie vor dem Seidenmalen, welche Farbtöne Ihnen für die Rahmenmalerei zur Verfügung stehen, und mischen Sie dann die Seidenmalfarben passend.

Betrachten Sie die Seidenbilder, die wie in der Anleitung beschrieben gearbeitet werden, und ihre Rahmen:
Für das kleine moderne Gemälde (links) ist ein großer Teil vom Holzrahmen unbemalt geblieben, er wirkt so wie ein Passepartout für das Seidenbildchen.
Auf der Abbildung rechts sehen Sie den Rahmen noch einmal: Auch hier ist das „Passepartoutprinzip" angewandt, zusätzlich werden Bildlinien auf dem Holzrahmen verlängert und Motive aus dem Seidenbild frei Hand nachgemalt.

Tip:
Überwinden Sie die Angst vor dem ersten Farbstrich auf einem Rahmen. Es ist wie bei vielen kreativen Tätigkeiten: wenn Sie erst einmal damit begonnen haben, müssen Sie aufpassen, daß Sie vor lauter Begeisterung nicht zuviel malen!

Zum abschließenden Streichen des Rahmens mit Klarlack entfernen Sie das Seidenbild noch einmal.

Artischocken-technik

Auch das ist durch die Folientechnik möglich:
Sie fertigen Artischockenschuppen aus der Seiden-Folienverbindung, arbeiten damit Ihr gewünschtes Werkstück und färben es erst nachträglich mit bügelfixierbaren Farben ein.
Für die Artischockentechnik sollten Sie eine dünnere Seidenqualität verwenden, z. B. Pongé 08.

Sie benötigen für eine kleine Kugel (Durchmesser 6 cm) zwischen 40 und 50 Schuppen, das entspricht ungefähr einem 30 cm x 40 cm großen Seidenstück.
Von Vorteil ist es also, wenn Sie schon größere Klarsichtklebefolienstücke auf Seide aufziehen können (vgl. Seite 4).

Mit Strich-ex-Stift und Lineal teilen Sie die Seiden-Folienverbindung in 4 cm x 6 cm kleine Rechtecke ein. Schneiden Sie diese auf der Folienseite möglichst mit Schneidemesser und Lineal zu. Falten und knicken Sie die Rechtecke (s.u.). Bei Bedarf können sie auch mit wenig Klebstoff auf der Folienseite fixiert werden.

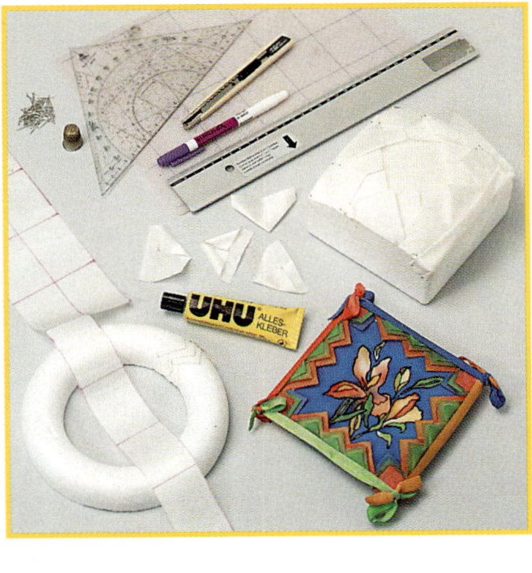

Für Karten werden die Schuppen in gewünschter Anordnung (vgl. Abbildung rechts) auf ein Stück Klarsichtklebefolie geklebt und nach Belieben eingefärbt.

Die weißen Artischockenschuppen aus der Seiden-Folienverbindung werden wie die normalerweise für die Technik verwendeten Bänder mit kurzen Stecknadeln auf den Styroporteilen befestigt.
Wie die Kugeln herzustellen sind, entnehmen Sie der entsprechenden Fachliteratur. Im Prinzip werden die Dreiecke Reihe für Reihe, jeweils versetzt, aufgesteckt.

Der Anreiz, Artischocken aus der Seiden-Folienverbindung zu fertigen, ist das abschließende Einfärben. Eine Schuppe nach der anderen wird mit dem gewünschten Farbton versehen. Die Schuppen werden mit dem Fön oder auch nur durch das Sonnenlicht fixiert.

Ganz einfach sind dekorative Artischockenteile Ton-in-Ton herzustellen, was mit Bändern nicht ohne weiteres möglich ist.
Im Fachhandel gibt es fertiggesäumte Tischbänder, Schnürsenkel und auch dünne Schnüre aus Seide, die Sie passend einfärben können.

Ganz neue Möglichkeiten ergeben sich durch die Kombination von Seidenmalerei und Artischockentechnik als Bild (kleines Bild, links).

Denkbar wäre auch ein Artischockenring mit Seidenmalerei im Ausschnitt – eine neue Fensterbildart!

Kleidung und Accessoires

Im Fachhandel finden Sie alle Arten von extra für die Seidenmalerei gefertigter Seidenkonfektion.

Tip:
Mit der in diesem Buch vorgestellten Folientechnik sind auch Kleidungsstücke und Accessoires ganz einfach zu bemalen. Der einzige Unterschied zum Arbeiten von Bildern ist, daß die Klarsichtklebefolie wieder abgezogen wird.

Betrachten Sie die Bluse auf der Abbildung rechts: es ist ungeheuer schwierig, diesen Bären mit traditionellen Seidenmaltechniken auf eine Brusttasche zu bekommen!
Recht einfach geht es mit der Folientechnik: Wenden Sie die Brusttasche, und kleben Sie ein in der Größe entsprechendes Stück Klarsichtklebefolie auf. Befestigen Sie die Vorlage wie gewohnt auf der Folie, und wenden Sie die Brusttasche zurück. Ihre Vorlage ist jetzt gut zu sehen, und Sie können wie auf Seite 4 und 5 beschrieben weiterarbeiten.

Tip:
Arbeiten Sie unbedingt mit bügelfixierbaren Farben, wenn Ihr Seidenteil (z. B. Bluse, Tuch) bis auf das Motiv weiß bleiben soll. Dampffixierbare Farben können beim ersten Waschen ausbluten und Farbflecken verursachen.

Lavendelsäckchen sind ein hübsches und sinnvolles Geschenk.
Auch sie werden vor dem Bemalen einfach gewendet und mit einem der Vorderseite in der Größe entsprechenden Stück Klarsichtklebefolie versehen.
Haben Sie das Blumenmuster erkannt? Es ist ein Ausschnitt aus dem auf Seite 15 abgebildeten Textrahmen.

Tip:
Kein Problem, wenn Ihre Trennmittellinien bei solcher Blütenpracht undicht sind. Überläufer stören überhaupt nicht, sie werden einfach mit Wasser oder Verdünnerflüssigkeit angelöst und ergeben so einen aquarellartigen Hintergrund.

Auch Seidentücher können mit Hilfe der Folientechnik bearbeitet werden. Beim roten Tuch (Abb. rechts) haben die Mobile-Elemente von Seite 25 erneut Verwendung gefunden.
Kleben Sie ein quadratisches Folienstück in die Tuchmitte (ca. 35 cm) und ungefähr 12 cm breite Folienstreifen entlang an allen Tuchkanten. Gehen Sie weiter wie in der Anleitung beschrieben vor.
Nachdem Rand und Tuchmitte vollständig gearbeitet und getrocknet sind, breiten Sie Ihr Tuch auf Zeitungen aus. Mit dickem Pinsel nehmen Sie die Resteinfärbung vor. Streuen Sie grobes Brezelsalz oder Spezialsalz auf die noch feuchte Farbfläche.
Verzieren Sie das getrocknete Tuch mit kleinen Sternchen und Punkten aus goldfarbenem Trennmittel.
Lassen Sie beim Dampffixieren die Folie auf dem Tuch (vgl. Seite 36)!

Heimtextilien

➢ **Tip:**
Werden Sie mit den Vorlagen kreativ: auf Transparentpapier übertragen, können die Motive auch seitenverkehrt genutzt werden. Mit dem Zoomfotokopierer vervielfältigt, verkleinert oder vergrößert lassen sich Vorlagen in jeder Größe und für jedes Seidenteil passend zusammenstellen.

Kennen Sie die Blüten des obigen Tischbandes? Sie finden sich auf Seite 15 als Gedichtrahmen, ein weiteres Mal wurde die Vorlage für das Lavendelkissen auf der vorherigen Seite verwendet.

Tischbänder finden Sie bereits fertig gesäumt in unterschiedlichen Breiten im Fachhandel. Auf die Rückseite werden sich knappkantig überlappende Folienstreifen geklebt.

Alle Motive dieser Doppelseite haben in diesem Buch „Doppelgänger".

Betrachten Sie beispielsweise Seite 17, Seite 23 und das runde Kissen auf der Abbildung rechts: es handelt sich wirklich immer um dieselben Tropfen, die in anderer Farbkombination und in anderem Umfeld eine völlig unterschiedliche Wirkung haben.
Die „schrägen Vögel" vom quadratischen Kissen kennen Sie bereits von Seite 29.
Die Vorlage für das kleine Lavendelsäckchen stammt von Seite 31.
Alle Vorlagen finden Sie in ihrer ursprünglichen Form auf dem Vorlagenbogen.

Auch fertiggenähte Seidenkissen werden genau wie beschrieben gearbeitet (Seite 4 und 5):
Kleben Sie auf die Vorderseite des gewaschenen, gebügelten und nach links gewendeten Kissens ein Stück Klarsichtklebefolie von Naht zu Naht. Befestigen Sie die Vorlage mit mehreren Klebefilmstreifen. Wenden Sie das Kissen, indem Sie die folienfreie Rückseite über die Vorderseite stülpen.

Arbeiten Sie beim Trennmittelauftrag eine zusätzliche Trennmittellinie im Abstand von 3 cm bis 5 cm zur Kissenkante.

Nachdem Sie die Vorderseite gefertigt haben, wird die Vorlage entfernt.

Malen Sie den schmalen Rand und die Kissenrückseite mit dickem Pinsel in einem Arbeitsgang, wenden Sie dazu das Kissen auf Zeitungen.

Die Folie kann beim Dampffixieren im Kissen bleiben! Beim Auswaschen der Farbüberschüsse geht sie ganz leicht ab.

Frühling am Fenster

Fensterbilder aus Tonkarton sind ein Renner! Fensterbilder aus Tonkarton und Seide sind eine gelungene Kombination, diese Tulpen könnten zu einem trendverdächtigen Blickfang an Ihrem Fenster werden!
Arbeiten Sie die Tonkartonform wie Seite 16 beschrieben. Auch Kinder können mit einer kleinen Schere die auf dem Tonkarton vorgezeichneten Blätter problemlos ausschneiden!
Für die Blüte benötigen Sie zwei deckungsgleiche Tonkartonteile. Der Blütenrahmen ist schmal, arbeiten Sie hierbei so sorgfältig wie möglich.

Für die oberste Tulpe färben Sie ein Stück der Seiden-Folienverbindung mit zum Tonkarton passenden Farben ein und streuen anschließend grobes Salz auf.

Tip:
Mehr Platz als zum Briefeschreiben benötigen Sie beim Arbeiten kleinerer Seidenbilder nicht! Mehrere Personen können also am selben Tisch zur gleichen Zeit mit Ihnen malen. Das Wichtigste ist, daß Sie Seiden-Folienverbindung in ausreichender Menge vorbereiten.

Wie wär's mit Seide und Folie am nächsten Kindergeburtstag? Verkleinern Sie die Rahmenvorlage von A3 nach A4. Bereiten Sie die Schablonen vor, und ignorieren Sie bei dieser Größe die Stege in der Blüte.
Lassen Sie die Kinder auf einem 11 cm x 15 cm kleinen Stück der Seiden-Folienverbindung mit den Seidenmalfarben „spielen". Für die Musterung dürfen die Kinder Salz aufstreuen.

Tip:
Am besten reagieren bügelfixierbare Farben auf Salz. Die Seidenmalfarben dürfen nicht zu stark verdünnt sein. Für größere Flächen sollten Sie Spezialsalz (Fachhandel) oder Brezelsalz verwenden, für kleine Seidenbilder können Sie einfach den Salzstreuer nehmen!

Während die Seidenmalfarben trocknen, arbeiten die Kinder die Tonkartonblüte.
Mit Schablone und Bleistift übertragen sie die Außenform der Blüte auf die getrocknete Seiden-Folienverbindung und schneiden anschließend rundum die Bleistiftlinie ab. Lassen Sie die Kinder einen Faden für die Aufhängung einlegen, bevor Sie alle Teile mit Klebstoff zusammenfügen (vgl. Seite 24).

Auch Osterglocken sollten am Frühlingsfenster nicht fehlen, oder wie wär's mit dem kleinen Piepmatz? Beide Seidenbilder werden wie in der Anleitung beschrieben gearbeitet (Seite 4 und 5).

Tip:
Auch das Arbeiten mit Vorlagen bleibt beim Seidenmalen kreativ: durch die Wahl des Trennmittels und Ihre Farbwahl schaffen Sie ein unverwechselbares, persönlich geprägtes Kunstwerk.

Sommerliche Hitze ...

– und Sie liegen mit diesen „tierisch heißen" Fensterbildern genau richtig!
Wie die Seidenbilder gearbeitet werden, können Sie auf Seite 4 und 5 nachlesen. Wie die lustigen Tiere zu ihrem Rahmen kommen, steht auf Seite 10 und Seite 16.
Vorlagen in dieser Größe sind ungeheuer vielseitig:
Der Bär hat in Originalgröße seinen Platz auf einer Brusttasche gefunden (vgl. Seite 35).
Der Frosch hat einen originalgroßen Bruder auf einer Spandose (Seite 29).
Der dösende Hund würde hervorragend zum August-Kalenderblatt von Seite 17 passen.
Alle vier Comic-Tiere könnten zusammen die Vorlage für ein witziges Kissen sein, jeder einzelne würde, um ca. 350% vergrößert, eine Kissenvorderseite alleine füllen.
Minimal verkleinert paßt jedes der vier Motive auch auf Krawatten!

Oder möchten Sie vielleicht ein Tuch mit vier lustigen Ecken?

Herbstlaub

Für diese Fensterbilder können Sie Seidenreste verwerten. Diesmal darf es auch eine dünnere Seidenqualität sein.

Arbeiten Sie zunächst einen doppelten Tonkarton-Blattrahmen wie Seite 16 beschrieben.
Legen Sie für jedes der beiden oberen Herbstblätter die Rahmenschablone auf die Klarsichtklebefolie, und ziehen Sie auf der Folienseite mit Kugelschreiber die Konturen nach.
Schneiden Sie Ihr Folienblatt entlang der Umrißlinie aus.

Für das oberste Blatt mit Seidenfalten brauchen Sie ein Seidenstück, das deutlich größer als das Blatt selbst ist.
Ziehen Sie das Schutzpapier vom Folienblatt ab, und legen Sie die Seide in Falten auf die Klebefläche auf. Beginnen Sie in der Blattmitte, und arbeiten Sie im Kreis von innen nach außen. Sie können bereits haftende Seide immer wieder lösen, mit einer weiteren Falte versehen und neu festkleben. Schneiden Sie im Randbereich überstehende Seide ab.

Schneiden Sie Seide und Folie auf die Hälfte der auf der Folienseite eingezeichneten Randbreite zurück, bevor Sie das Blatt in den Tonkartonrahmen kleben.

Für das mittlere Herbstblatt benötigen Sie ein bereits eingefärbtes Stück der Seiden-Folienverbindung, das Sie in schmale (0,5 cm), unterschiedlich lange Streifen schneiden.
Ziehen Sie vom Folienblatt das Schutzpapier ab, und setzen Sie die Streifen strahlenförmig vom Blattansatz aus auf die Klebefläche.
Gehen Sie weiter vor, wie oben und Seite 24 beschrieben.

Tip:
Haben Sie schön eingefärbte Seidenreste? Versehen Sie diese mit Folie, und fertigen Sie daraus in der hier beschriebenen Art zur Jahreszeit passende Fensterdekorationen. Verwenden Sie als Tonkartonrahmen die Tulpe von Seite 39 oder die Sterne der folgenden Seiten.

Für das Flechtwerk-Herbstblatt benötigen Sie zwei farblich aufeinander abgestimmte Stücke der Seiden-Folienverbindung.
Übertragen Sie mit Kugelschreiber die Blattschablone auf die Folienseite des einen Teils, und schneiden Sie das Blatt entlang der Umrißlinie aus.
Schneiden Sie auf der Folienseite mit einem Schneidemesser parallele und gleichbreite Streifen ein. Ihr Schnitt beginnt und endet jeweils im später durch das Tonkartonblatt verdeckten Rand.

Vom anderen Seidenteil werden gleichbreite Streifen abgeschnitten, dicht eingeflochten und am Rand mit Klebestreifen befestigt.

Gehen Sie weiter vor, wie oben und Seite 24 beschrieben.

Es weihnachtet sehr...

Die Seidensternbilder der vorhergehenden Doppelseite könnten zum nächsten Weihnachtsfest Ihre Fenster schmücken.
Sie werden genauso wie Seite 4 und 5 beschrieben gearbeitet. Zum Rahmen lesen Sie Seite 16 und Seite 24.
Die beiden Kartenmotive sind ein Ausschnitt aus dem über den Karten hängenden Stern (Vorlagen siehe dort).
Alle acht Sternzackenmotive lassen sich auf diese Weise für Ihre Weihnachtspost verwenden!

Seide und Stroh

Eine bis jetzt unbekannte, aber sehr gut zur Weihnachtsdekoration passende Verbindung!
Arbeiten Sie den winkenden Nikolaus, die kleine Kerze und auch die Bilder für die Krippe (folgende Seite) wie beschrieben.

Schneiden Sie das Nikolaus-Fensterbild mit einem halben Zentimeter Randzugabe aus.
Nun weichen Sie 12 lange Strohhalme in Wasser ein, schlitzen sie der Länge nach auf und bügeln sie glatt.
Beim Aufkleben der Strohhalme (vgl. Abb.) beginnen Sie auf der Folienseite. Schneiden Sie jeden Halm erst nach dem Aufkleben schräg an der jeweilige Sternspitze ab, und passen Sie den neuen Halm an der „Nahtstelle" dem bereits geklebten an.

Nachdem Sie die Strohhalme möglichst deckungsgleich auf die Vorderseite geklebt haben, können Sie die Sternspitzen zusätzlich mit kleinen Strohsternen oder Sternchen aus der Seiden-Folienverbindung zieren.

Für den „Kerzenstern" benötigen Sie für jede Sternseite drei lange und sechs kurze, gefärbte Strohhalme. Diese können wegen der Rundung nicht übereinander geklebt werden; schneiden Sie daher alle auf Gehrung zu.

Die Strohkrippe mit Seidenmalerei und die Tannenbäumchen (ohne Vorlage) auf der nächsten Seite zeigen, wie vielseitig und ausbaufähig dieses Thema ist.
Orientieren Sie sich beim Krippenbau an der Abbildung.
Zeichnen Sie auf ein Transparentpapier die Umrisse der Seidenmalereien und die Krippenform (Breite ca. 26 cm, Höhe ca. 20 cm).
Sie müssen für die „Holzwand" ungefähr 20 Strohhalme in Wasser einweichen (s.o.). Kleben Sie alle Strohhalme auf das Transparentpapier. Die Strohhalme für das Gebälk können nicht übereinander geklebt werden, sie müssen auf Gehrung zugeschnitten werden.
Die Strohhalme fürs Dach müssen dagegen übereinander geklebt werden, so daß eine dreidimensionale Wirkung entsteht.

Nachdem Sie die Strohkrippe fertiggestellt haben, schneiden Sie die freigebliebenen Papierteile aus und kleben dafür auf der Rückseite die Seidenbilder ein.